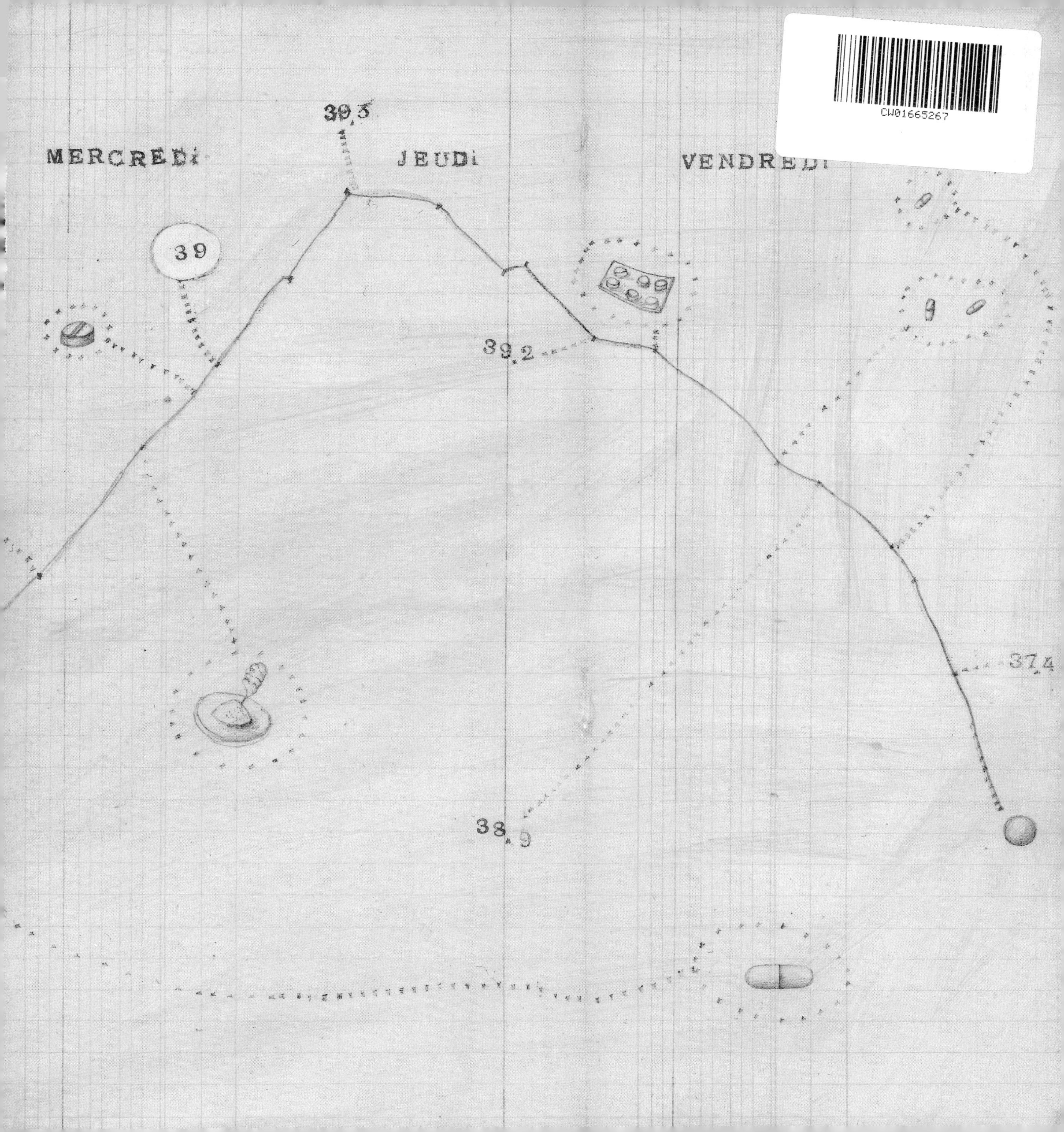
39,5
MERCREDi
JEUDi
VENDREDi
39
39,2
37,4
38,9

Merci au docteur Paquereau qui m'a renseigné et maintenu en bonne santé.

Titus

Directeur : Frédérique de Buron

Conception éditoriale : Emmanuelle Massonaud – Emmanuelle Henry
Alexandra Pasteris – Anne Marchand

Conception artistique : Maryvonne Denizet

Fabrication : Virginie Cugini

ISBN : 201392922.6 – Dépôt légal n° 47872 – Édition 01 – Octobre 2004
Loi n° 49-956 du 16 juillet 1949 sur les publications destinées à la jeunesse
Imprimé chez De Agostini en Italie

Clémence,
Bonne Année 2005
Papa et Maman.

Grippé !

Gautier • Languereau

J'ouvre les yeux.
Il fait nuit.
J'ai froid
et puis
j'ai mal partout.

Je me tourne.
Je me retourne.
Je me reretourne.
Je n'arrive pas à me rendormir.

« Maman, maman ! »

Maman arrive dans ma chambre avec une drôle de tête.
« Qu'est-ce qui se passe ?
– Je n'arrive pas à dormir. »
Elle touche mon front.

« Oh toi, tu nous couves quelque chose. »
Moi, je ne comprends pas bien ce que je couve
parce que je ne suis pas une poule.
« Comment tu te sens, mon poulet ?

– J'ai chaud mais aussi
un peu froid, j'ai des frissons partout
mais je ne suis pas un poulet qui couve. »

Maman appelle papa qui arrive avec les yeux tout plissés et la trace de l'oreiller sur la joue.

« Le petit est malade,
il a une fièvre de cheval ! »

Papa et maman se parlent doucement en me regardant du coin de l'œil. J'aime pas trop ça. En plus, cette histoire de fièvre de cheval, ça m'inquiète. Je me demande où j'ai pu attraper une maladie de cheval. Je ne fais pas d'équitation... à moins que... mercredi... j'ai joué aux petits chevaux avec mamie... La fièvre de cheval, ça s'attrape peut-être en jouant aux petits chevaux ?

« Maman, vous allez appeler le vétérinaire pour ma fièvre de cheval ?
– Qu'est-ce que tu racontes ? Le docteur, nous allons appeler le docteur ! »

Là-dessus, ma grande sœur arrive.
« Qu'est-ce qui s'passe ?

– Toi, tu devrais être en train de dormir.
Ton frère est malade, il est peut-être contagieux,
alors ne reste pas là. »

Ma sœur me regarde avec l'air dégoûté
qu'elle a devant les endives au jambon de tante Suzanne.
Du coup, comme je transpire, j'ai l'impression d'être
une endive au jambon qui sort du four.

Maman me donne à boire.
« Il faut boire quand on a de la fièvre. »
Elle met un gant tiède sur mon front et me tient la main.
Je me sens mieux. J'ai des fourmis dans la main mais je ne bouge pas parce que je veux que ça dure longtemps. Je me dis que ma maman m'aime beaucoup parce qu'elle reste à côté de moi alors que je suis peut-être contagieux et que je ressemble à une endive au jambon.
Je lui fais des petits sourires.
Elle me fait des grands sourires.
On se fait des chouettes sourires.

Soudain, j'entends des bêlements.
Et là, je vois arriver un troupeau de pull-overs. Ils bêlent très fort.
Je reconnais le pull-over très moche que mamy a tricoté pour papa à Noël.
Il y a aussi mon cache-col qui pique.
Les pull-overs s'approchent gentiment.
Je les caresse, ils sont tout doux.
Ils se frottent contre moi
et ça me donne chaud.
Je transpire et j'ai froid.
Je les compte :
un pull-over,
deux pull-overs,
trois pull-overs,
quatre pull-overs…
et à ce moment là,
je me réveille.

À la place de maman,
il y a le docteur Bonnifait.
Je l'aime bien, le docteur Bonnifait.
Il a des grosses moustaches toutes moches
mais il me donne souvent des bonbons.
Le docteur Bonnifait, c'est un docteur,
il est drôlement balèze.

Il soigne toutes les maladies.
Je suis sûr qu'il guérit les fièvres
de cheval et les fourmis dans les mains.

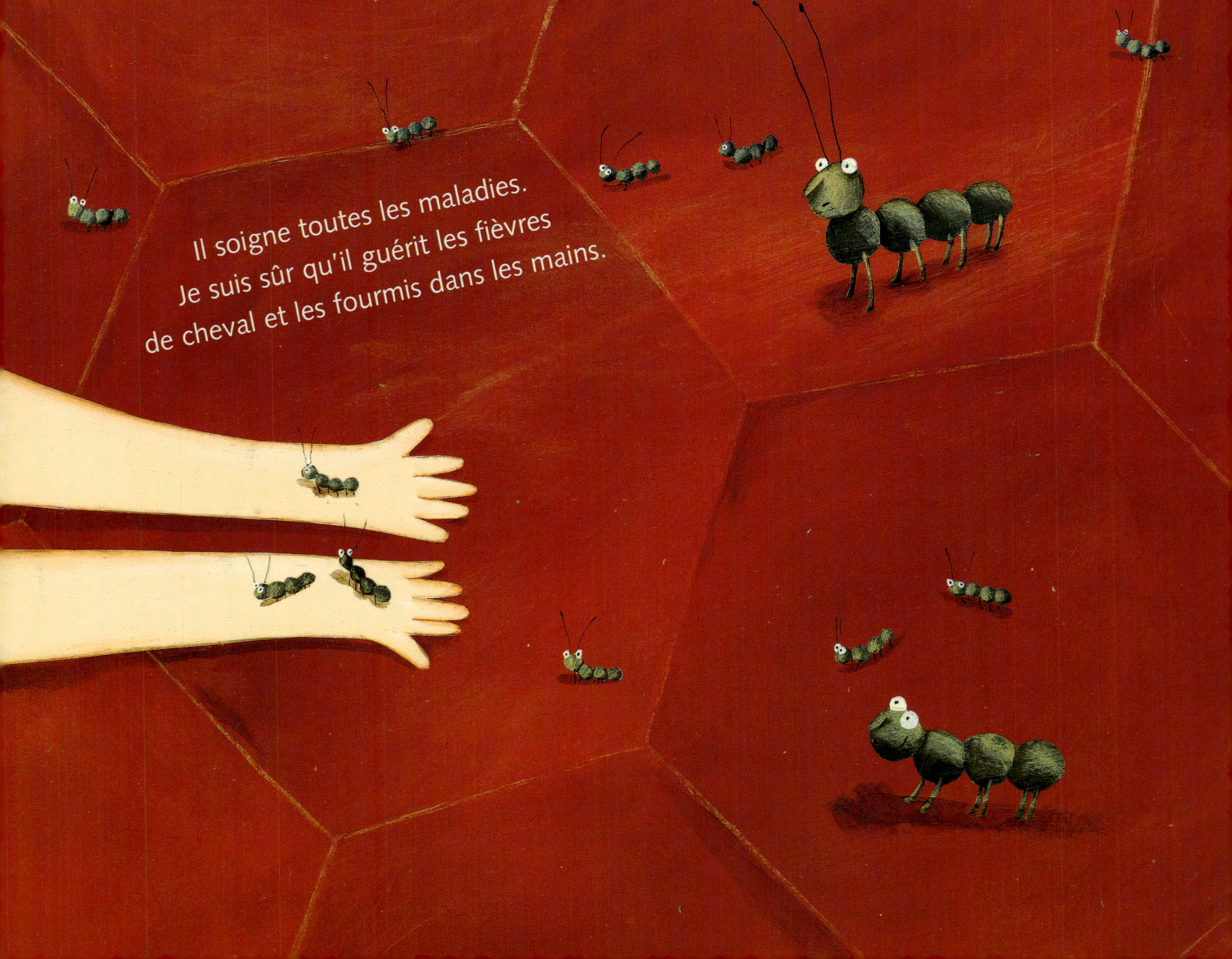

POSTA
55
BANI
RESTI
ROMINA
Tic. 1290 normal
Denrées diverses
DENRÉES
DIVERSES

Pour commencer,
le docteur met un drôle de truc
dans ses oreilles.
Puis il pose un petit machin en fer
sur mon ventre et après
sur mon dos.

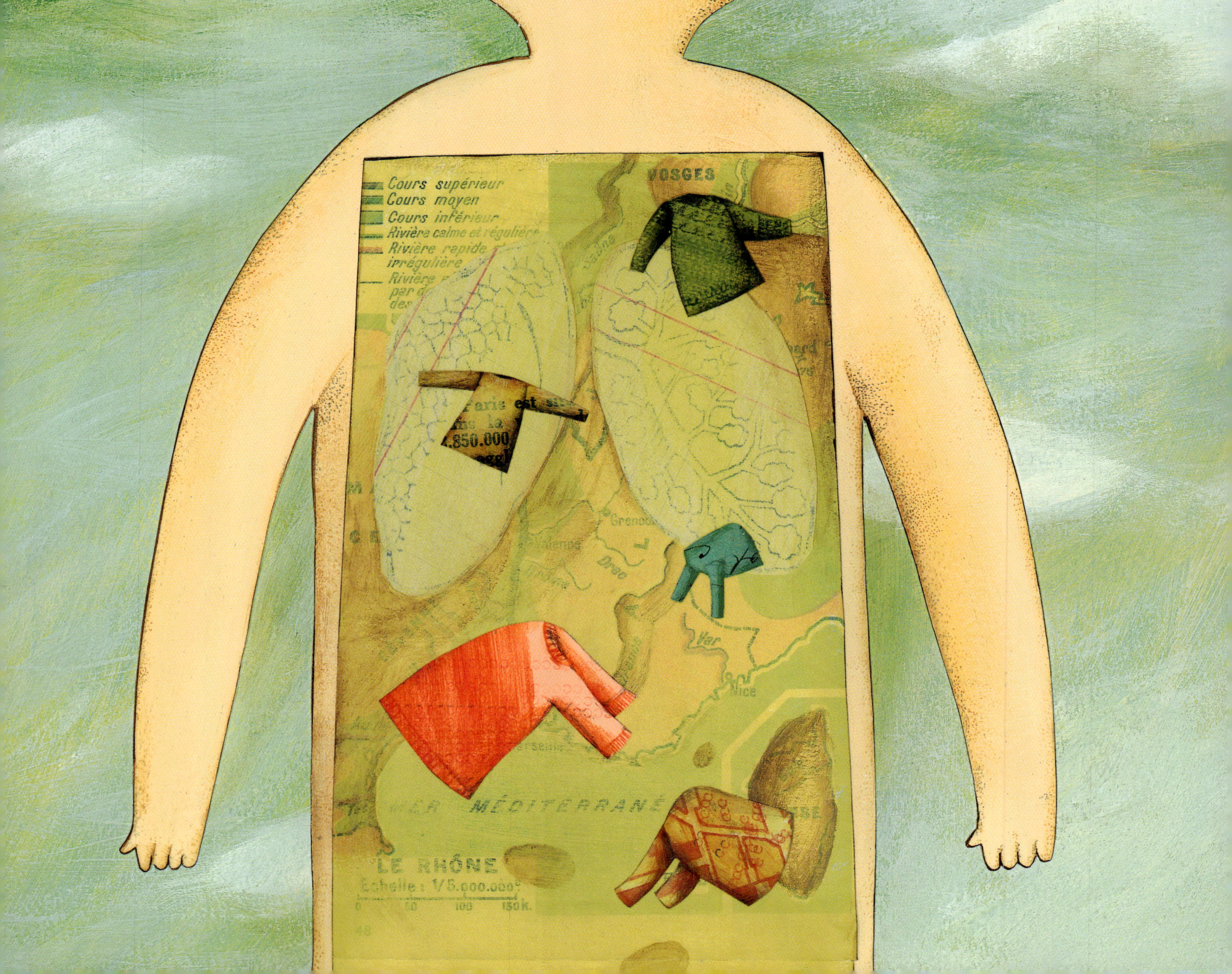

C'est un peu froid mais ça ne fait pas mal. Le docteur m'explique que c'est un stéthoscope pour écouter à l'intérieur de mon corps.

« Est-ce que vous entendez les pull-overs qui bêlent ?

– Heu... non, mon garçon ! J'entends tes poumons. Respire la bouche ouverte. Bien ! Tousse un peu. Parfait ! »

Après, il me place un truc en bois dans la bouche. Ça ressemble à un bâton de glace quand la glace est finie. Il me dit qu'il veut regarder mes amygdales. Il appuie sur ma langue avec le bâton de glace sans glace et je suis à deux doigts de vomir. J'ai les larmes aux yeux. Maman me fait un sourire tout coincé au-dessus de l'épaule du docteur.

À la fin, il prend un air constipé.
« Tu as une bonne grippe, mon grand. »
Moi, je suis drôlement soulagé d'avoir une grippe plutôt que de me transformer en endive au jambon.

Puis, le docteur explique à maman qu'il faut me donner
des cachets pour faire baisser ma température.
Et il me regarde en fronçant les sourcils pour avoir l'air un peu méchant.
« Je veux que tu gardes le lit trois jours. C'est entendu ? »
Je fais oui avec la tête mais je pense que c'est bizarre de garder un lit.
Un lit, ça se garde tout seul.

Quand le docteur est parti,
maman me raconte
que la grippe est une maladie
qu'on attrape à cause d'un virus.
C'est comme une petite bête,
mais tellement petite
qu'on ne peut pas la voir
avec nos yeux.
Du coup, elle en profite
pour se glisser discrètement
dans les gens par la bouche
ou par les trous du nez.

Notre corps, il n'apprécie pas beaucoup ce genre de visiteur,
alors il tombe malade. Mais pour se défendre, on a des globules blancs.
C'est comme des petits soldats qui nous protègent des virus
et qui les font sortir.

Seulement voilà, le virus de la grippe, ce n'est pas facile de le déloger.
C'est un peu comme nos cousins de Paris
quand ils viennent à la maison.
Papa dit qu'on ne sait jamais
quand ils vont repartir chez eux.
Généralement, le virus de la grippe
reste moins longtemps
que les cousins de Paris
parce qu'il ne faut
que trois, quatre jours
pour s'en débarrasser.

Pendant tout ce temps, je crois que le virus se planque
et que les globules blancs le cherchent partout.
Alors ils font des équipes comme pour la balle au prisonnier.
Y en a qui cherchent dans les bras, d'autres qui cherchent
dans les mains, d'autres encore qui cherchent ailleurs.
Et puis quand ils le trouvent, ils le chassent :

« Allez, ouste, dehors,
tu n'as rien à faire ici ! »

Le PREMIER JOUR, **j'aime bien :**

Je joue aux petits chevaux avec ma maman qui me garde, je regarde la télé, je lis un livre, je tousse tout le temps, j'utilise 17 mouchoirs en papier, je prends mes médicaments, je n'ai pas faim, je ne mange pas.

Le DEUXIÈME JOUR, j'aime moins :

Je rejoue aux petits chevaux avec ma mamie qui me garde, je reregarde la télé,
je relis un autre livre, je tousse, j'utilise 15 mouchoirs en papier,
je prends mes médicaments, je n'ai pas tellement faim, je ne mange presque pas.

Le TROISIÈME JOUR, j'en ai un peu marre :

Je rerejoue aux petits chevaux avec papa qui me garde,
je rereregarde la télé, je rerelis un autre livre, je toussote,
j'utilise 9 mouchoirs en papier, je prends mes médicaments, j'ai un peu faim,
je mange un peu mais il y a un drôle de goût dans ma bouche.

Le QUATRIÈME JOUR, j'en ai super marre :

Je ne rererejoue pas aux petits chevaux avec ma grande sœur
qui me garde parce qu'elle ne veut pas jouer, cette idiote,
je rerereregarde la télé, je rererelis un autre livre, j'oublie de tousser,
j'utilise 4 mouchoirs en papier, je prends mes médicaments.
Par contre, j'ai drôlement faim. Je reprends même de la purée.

LE CINQUIÈME JOUR,
quand maman prend ma température, elle me regarde avec un grand sourire.
« Te voilà requinqué. Aujourd'hui, tu peux t'habiller. Demain, tu retournes à l'école. »

Je me lève et cours dans la chambre de ma sœur.
« Je suis guéri, mes globules blancs ont gagné.
– Va jouer ailleurs. »
Je cours voir papa dans sa chambre.

Y'a juste son nez qui dépasse
des couvertures. Il a une drôle
de tête, mon papa.
Il transpire. Il est tout mou.
Il me regarde bizarrement.
Je me demande s'il n'est pas
en train de se transformer
en endive au jambon...

D'un côté, être malade
c'est assez chouette parce que :
on ne va pas à l'école,
on se fait câliner et dorloter
par toute la famille,

on reste en pyjama toute la journée,
on mange au lit, on lit au lit,
on regarde la télévision,
on joue aux petits chevaux…

D'un autre côté, être malade c'est pas rigolo parce que :
on est tout flagada, on se mouche tout le temps,
on a l'intérieur qui surchauffe, on se réveille la nuit,
il faut avaler une tonne de médicaments pas bons,
on ne peut pas aller jouer, on ressemble à une endive au jambon…

**En résumé, être malade, ça serait bien si…
on n'était pas malade.**

AUSTRALIE

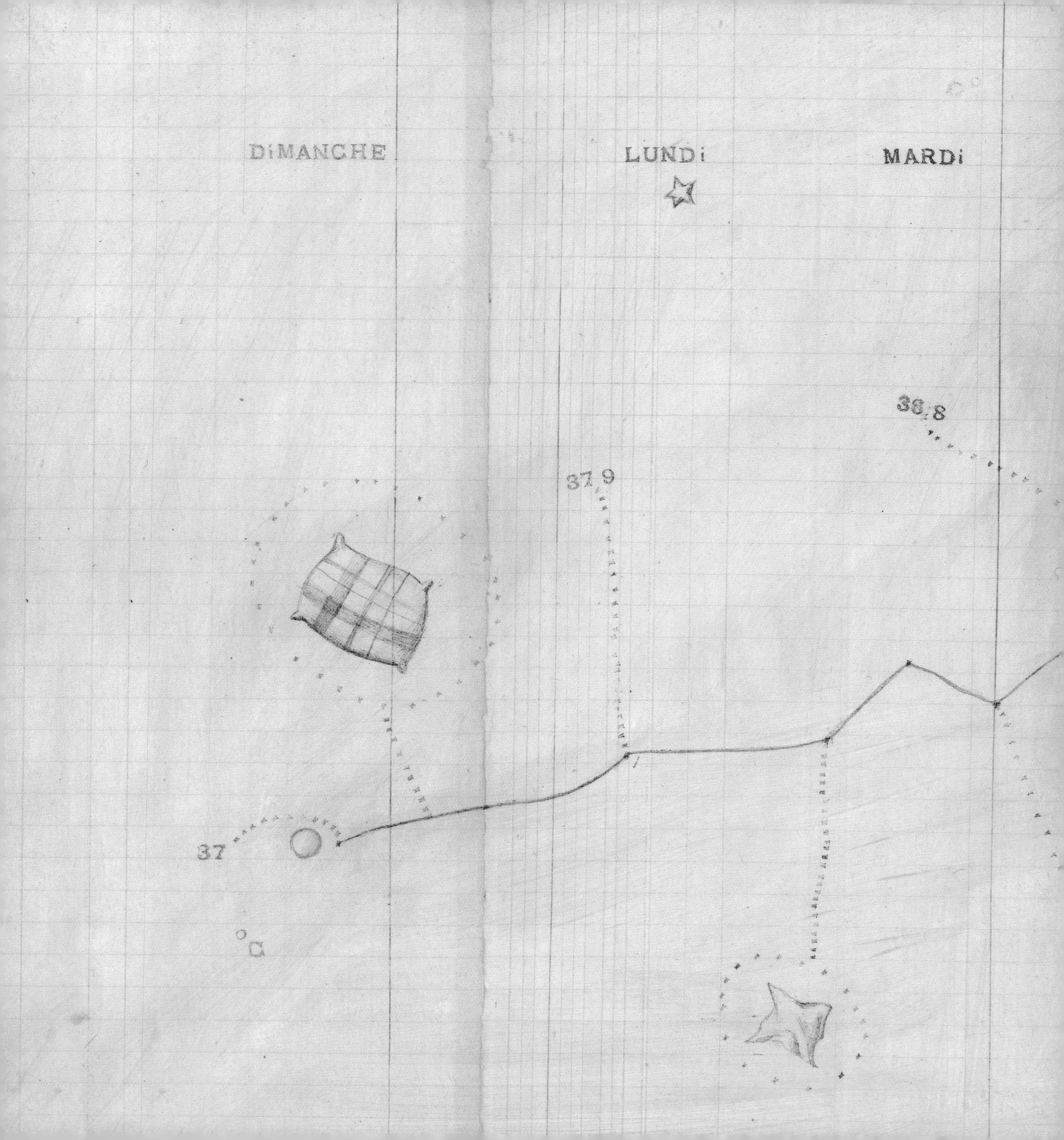
DiMANCHE
LUNDi
MARDi
38,8
37,9
37